난 네가 참 좋다

실천시선 234

난 네가 참 좋다

2015년 6월 12일 1판 1쇄 찍음
2015년 6월 19일 1판 1쇄 펴냄

지은이 정용국
펴낸이 김남일
편집 이호석, 박성아, 이승한
디자인 김현주
관리·영업 김태일, 박윤혜

펴낸곳 (주)실천문학
등록 10-1221호(1995.10.26)
주소 서울특별시 마포구 월드컵로10길 48 501호(서교동, 동궁빌딩)
전화 322-2161~5
팩스 322-2166
홈페이지 www.silcheon.com

ISBN 978-89-392-2234-2 03810

이 시집은 2014년 한국문화예술위원회 창작지원금으로 제작되었습니다.

이 도서의 국립중앙도서관 출판시도서목록(CIP)은 e-CIP홈페이지(http://www.nl.go.kr/ecip)와
국가자료공동목록시스템(http://www.nl.go.kr/kolisnet)에서 이용하실 수 있습니다.
(CIP제어번호:CIP2015016032)

실천시선 234

난 네가 참 좋다

정용국

실천문학사

차례

제1부

제2부

제3부

제4부

제 1 부

명왕성

중환자실 창밖으로 눈썹달이 떴다며
천만근 눈꺼풀을 겹게 뜨던 누이야

알 빠진 주판을 들고
오십 년을 버텨낸

추스르다 다시 놓고 용을 쓰던 그해 여름
세상의 가늠으론 닿지 못할 갈피였나

정수리 한복판 아래
까마득히 박혀버린

잠깐

제 발을 믿은 게 너에겐 탈이었지
서슬진 뒤태까지 무방비로 내려놓고

어둑발
오체투지에 든
환한 길 위의 로드킬

온몸을 바친 공양 포탈라에 닿았겠네

세상은 늘 혼자서
저만큼 앞서만 가지

언제나
그렇게 잠깐
한눈을 파는 사이

봄동

늦동지 시린 밤을 고스란히 받아 이고
삭히고 벼리느라 속도 들지 못했구나
둥개던 소소리바람에 흙덩이를 그러안고

할머니 단속곳에 꼬깃꼬깃 접힌 채로
뒷심만 눌어붙은 천 원짜리 지전같이
건너갈 대한 머리에 하소연만 길던 하루

질기고 시퍼렇게 두벌잠을 털어내고
개똥쑥 잠꼬대가 쌉싸름한 아침 밥상
무겁던 겨울 허리가 신통하게 풀린다

그대, 맹지(盲地)

활판(活版)으로 다듬어서 한 맵시 도드라진
그대의 자서전은 농익은 팔작지붕

수막새 아스라한 등 너무 높아 외롭다

한나절 게으른 해가 들창을 넘어와서
뭉개져 흐린 길을 더듬어 찾아봐도

옹글게 안으로 잠긴
개여울가 집 한 채

반지하 창밖에는

햇살은 들다 말고
바람도 스쳐 가는

중곡동 헐한 월세 반지하 창밖에는

귀 열린 상추 댓 포기
옹알이가 한창이다

잔웃음 자지러진
외손자 걸음마에

장맛비로 반 토막 나 울상이 된 품삯도

해거름 탁배기 잔에
다소곳이 졸고 있다

삐라

생인손 끄트머리

부젓가락 찔러놓고

왕소금을 뿌려대는

광기 같은 대문자여

도무지

엎지 못한 판

벼랑 끝에 우뚝 선

우박

그날 흐린 눈에
무엇이 씌었는지

매서운 혀끝으로 우는 널 떨치고 갔네

불배롱 환하게 내건 들머리 감나무 길을

무너져 시늉만 남은 네 늑골 허수간에

바람막이 하나도 둘러주지 못한 채

맨땅에
내동댕이쳐진
설익은 사리 몇 과(顆)

깊고 깊은 오모가리

천년의 질긴 흙이 착한 손을 만나서

분청사 마다하고
숱한 목숨 거뒀네

그을음 약으로 받아 반지랍게 길이 난

속내를 숨겨둔 채 세월을 걸쳐 입고

도깨그릇 이웃하며
구석에 비켜 앉아

오롯이
초발심 외는
깊고 깊은 옹기불(甕器佛)

쑥개떡

홍역 뒤끝 속이 허한
네 살배기 붙들이가

툇마루 볕 가장자리에
졸음을 널고 있다

머리엔
도장부스럼
야윈 손엔
봄 한 조각

도다리쑥국

한 사람 떠나갔다
술도 시도 다 버리고

도다리 살 오르고
다북쑥 올라오면

묵은해 풀어내자고
몸살을 앓더니만

올봄은 더디다고
멋쩍게 웃던 저녁

눈으로 보내주던
성근 말만 맴도는데

다 식은
양은 냄비 옆

가지런한 수저 한 벌

떨이 포도

태평양도 몸에 겨운 안데스 등줄기에

칠레 농부 땀방울을 고스란히 받아 안아

서슬은 제법 푸른데 씨도 없이 퀭하구나

반도체값 등쌀에 들피진 몸피로

덧난 부스럼처럼 성깔을 세우더니

반 트럭 떨이 좌판에 토막잠이 드셨네

설핏 2월

저물녘 실타래 길은 왜 이리 어정쩡한지
내 빈손은 무색한데 너는 또 주저앉고

어설픈 포스트잇처럼
반만 내게 기대오는

애동지 잔 햇살을
등허리에 동여매고

꽁꽁 언 한겨울을 더듬더듬 건너온
산그늘 미나리꽝은 노루잠을 자나 보다

우수 지나 한 열흘쯤 꿈쩍 않던 얼음장이
바람에 앞섶을 열고 곁눈질을 하는 사이

할미꽃 저도 궁금해
젖몸살을 앓는 봄

월정리역(月井里驛)

달은 우물 안에
퉁퉁 불어 있고
서울로 원산으로
떠난 이 소식 없네

다 해진 철길 자락만
기다림에 휘어진

눈물을 끌어안고
울지 않는 무딘 구름
얼비친 시간 위로
주름만 집을 짓고

지금도 생손을 앓는
길 위의 저 몸살들

날라리에게

태평소 의젓한 이름
어디다 깻박치고

장마당 기둥서방
가당키나 하신 건지

사위를
단숨에 뒤집고
애간장 다 녹이는

실외기(室外機)

외지고 아스라한
창틀에 매달린 채
턱까지 차오르는 가쁜 숨을 토해내며
따가운 햇살마저도 비껴가지 않았네

가슴을 내어주고 한 움큼씩 바꿔 오는
알량한 몸동냥을 들키지 않으려고
한 소절 소낙비에도
주눅 들지 않았네

내 몸에 똬리를 튼 지옥 천 근 무게까지
안차고 다라지게 지켜낸 마른장마에
제 몸이 모지라져버린
헛똑똑이 어머니

제2부

늙은 떡국

어머니 감칠맛이 이끼처럼 남아 있는
형수표 설 떡국도 고뿔이 심해졌다

일흔셋
가파른 나이를 고명처럼 이고서

동태전 나박김치 들러리로 앉혀놓고
깐깐한 세월 맛에 시치미를 떼려는데

민망한
내 어깨에도 오십견이 오셨다

화살나무 편지

화살나무 봄 촉에 애틋함을 엮어서
내 힘껏 시위를 당겨 그대에게 보냈지만

애당초 글렀습니다
달뜬 봄을 눅이기엔

허투루 매단 마음
맥없이 찢어지고

쏜살같이 날아가서 빗맞은 과녁에는

도저히 가늠할 수 없이
휘갈겨 쓴 욕심뿐

저무는 산허리엔
영산홍 지천인데

쪽창을 반쯤 열다 군불을 지펴놓고

비긋는 저녁 어름이
시리도록 씁디다

석등

춘양송 어진 품에 가랑비는 칭얼대고
시큼하게 익은 화두 목탁 곁에 조는 사이
바람에 마음이 닮아 어깨마저 헐었다

들끓는 속마음을 헤집던 잔 햇살도
어줍은 능청이라 놀려대던 샛바람도
다 해진 탁발 바랑에 먼지로나 남겠네

무너진 눈과 귀를 반나마 감은 채로
축서사(鷲棲寺) 비낀 바람이 어룽대는 춤사위에
속적삼 풀어 헤치고 잠이 드신 품이라니

자산(玆山)*에서 길을 묻다

청어도 길을 찾아 알을 푸는 흑산 바다
아우를 기다리던 툇마루엔 볕이 졸고
살아서 나가지 못한 뱃머리가 아리다

검은 속 타들어가 자산이라 했다던가
신유(辛酉)년 유배길도 서로 갈려 아득한데
이 한밤 또 길을 묻는 깜깜절벽 낭떠러지

푯대 하나 없이도 물길을 여는 바다
사람이 내는 길은 흐려져 가뭇하고
파도만 발치에 와서 새벽꿈을 지운다

---

* 정약전이 유배 가서 죽은 곳으로, 검을 현(玄)을 겹쳐 쓰는 흑산도(黑山島)의 별칭.

블랙아웃(Blackout)

어머니 김매시다 눈앞이 하얘지며
근심 끈 탁 놓고서 아득히 굴렀다던

새까만
새벽 별 지던
막다른 골목 어귀

마지막 지하철에 고단한 섶을 진 채
귀 떨어진 빈 몸뚱이 어쩌지도 못하고

잽싸게
꼬리를 자르며
각다귀로 뒹군다

앞길 캄캄해지고 눈앞이 하얘지는 일
검고 흰 것이 어찌 그리 한 몸일까

아득한

외마디 소리에

뚝 끊기는 발자국

장편(掌篇)

1.

애비냐 별일 읎지
애들도 잘 놀고
사기막 당골아재가 어젯밤 가셨다네

왜 몰러 당골아재를
곱사등 돌이 아부지

우리 집 꼴머슴 살던 벙어리 샘골댁 남편
아, 애비 어렸을 적 좀 많이 따라다녔어
어설픈 친척들보다 피붙이 같던 사람인디

태 묻은 고향이라고 돌아가길 바랐다네
삼촌한테 뒷산 끝자락 넉넉히 내주라 했다
칠십 년 버텨내기를 참 모질게도 살았구먼

2.

할머니 낯선 부고에 덜커덩 몸을 뒤채며
첫눈에 발이 시린 헐렁한 마을버스가
서둘러 터미널 앞에 언 몸을 부린다

강정 필사본

한소끔 끓어 넘쳐 뜸이 든 백록담은
때도 없이 감겨드는 구름도 마다한 채
진종일 해진 필사본 시침질만 하고 있다

귀 닳아 너덜대는 걸개그림 비명들과
쪄 눌려 주눅 든 대자보도 달래가며
뭍사람 따가운 눈총 오지랖에 받는다

돌쟁이 늦된 말문 영등할멈 시샘까지
섬에선 그게 모두 한라산 탓이라며
족삼리 뭉친 혈 위에 꽂아둔 호침 몇 대

겨워진 봄 햇살에 오름도 조는 나절
강정에서 바라보는 찬 하늘 언저리에
낮달도 뒷걸음치며 가던 길을 멈춘다

뜨거운 손

한시름 베옷 속에
지난날 다 감추고
바늘 자국 멍꽃 천지
열꽃이 사윈 그 손

불덩이
맨손에 안고
내리닫던 죽변 바다

어슷 썰린 발걸음이
파도처럼 달겨들고
젖어서 건너야 할
무두질 시간들도

까치놀
잔기침 속에
다 버리고 가셨네

진도실록(珍島實錄)

삼별초 뒷소식이 질펀히 배어 있는
뻘밭이 궁금해진 묵은 칠게 한 놈이

바람에
귀를 세우고
핏빛 파발을 받는다

서둘러 탐라로 간 혜식은 기별들은
굴포항 들머리에 되돌아와 서성이고

뒤채는
포구 어깨엔
몸을 떠는 슬픈 비(碑)

첩첩 무등(無等)

봄을 앓는 남도 자락
무등산 옆구리에
접어둘 게 무에 많아
깎아지른 저 서석대

돌 첩첩
시름도 첩첩
제 살을 발라냈다

온 산에 꽃불 번져
등뼈까지 이글대고
잊혀진 전설로도
몸살을 앓고 있는

바람도
시든 고랑에
봄꽃 향을 사른다

불쌍한 돈

탑골공원 뒷골목 어수룩한 순댓국집

술 한 병 술국 하나 이마를 맞댄 노인

오천 원 오붓한 호사가 익어가는 저녁답

사십구 억에 팔렸다는 아파트값 소식에

허, 저놈 불쌍한 돈 똥지게를 지는구나

새로 온 막걸리 병이 불호령을 치신다

휘청거리는

말씀은 구시렁대고
소문은 칼이 되어
허물을 지고 가네 세월을 얼치고 가네

다 삭은
육백 리* 허리에
불화살도 맞으며

제하고 더 보탤 것
하나 없는 셈법인데
덜그럭 휘몰이 길 열이레 달 지기 전에

깨끔발 휘청거려도
떼어봐야 할 텐데

---

* 휴전선의 길이(약 248킬로미터, 155마일).

모둠전

광장시장 한 귀퉁이 막걸리 목로에는

얼치기 여우살이 날마다 몸살이다

시름도 쉬어 가자고 소매 끝을 붙잡고

얼기설기 뭉뚱그려 한 접시에 담아내도

값도 맛도 어설픈 서울 복판 시장통

내리막 디딤돌처럼 뒤꿈치가 서늘한,

졸(卒)에게

어쩌겠니,
휑한 몸이
최전선 사지에서
한 치의 뒷걸음도 네 몫이 아닌 것을

등에는 벼랑을 지고
새벽길을 나서네

날품도 한때라고 들레는 인력시장
매캐한 화톳불에 피아가 뒤섞인 채

외통수
러시안룰렛
화약 냄새 무겁다

중곡동

1.

긴 고랑 자드락길 내 몸처럼 더듬으며
폐지 줍던 할머니는 요양원에 가시고
휑하게 넓은 평상 위 고양이는 묵상 중

2.

능청맞은 굴삭기 경중대는 헛기침에
늙은 집 바람벽이 제풀에 주저앉자
조선족 키다리 잡부 쓴웃음이 벙근다

3.

새로 올린 열다섯 칸 옹색한 원룸마다

개인용달 한 차에 실려 온 좁은 삶이
아차산 미륵불 아래 한시름을 풀고 있다

제3부

아득하다

모롱이 개암 열매 제풀에 떨어지고

상강도 주춤주춤 잰걸음을 치는 저녁

부뚜막 개다리소반엔 시래깃국 두 그릇

노부부 살강살강 그릇을 비우는 사이

빈 마을 휘돌아 온 살가운 바람 한 올

홍적세(洪積世) 까만 시간을 되짚고 돌아왔다

산성중수기(山城重修記)

남한산성 단풍에는 피멍이 스며 있다
성안에 넘치던 말 밖으로 번져가면

삼학사
밭은기침에도
수막새는 놀라고

터널공사 결사반대
찢어진 현수막도
여름 볕을 견디느라
먹 단풍이 들었네

성 그늘
시든 물봉선
시름 가득 고여 있다

서리보다 빠르게 암문(暗門)을 숨어드는

엇박자 서울 소식에 이골이 난 산성이

금이 간
엉치를 안고
가을을 앓고 있다

눈물(Lachrymae)

으깨진 머윗대에
천둥 세 근 숨어 있고
겨울 난 좀가래 뿌리엔
번개 몇 장 박혀 있다

던지면
여섯 점을 꿈꾸는
맹랑한 주사위처럼

리처드 용재 오닐
긴 이름 속에는
머윗대 좀가래 뿌리
통째로 들앉아 있다

눈물을
관(冠)처럼 쓰고
침향(沈香) 내를 풍기며

기일(忌日)

쩡쩡한 한겨울을 단숨에 이겨내고
길 없는 길을 돌아 멀리까지도 왔구나
꽃처녀 여린 손끝에 온몸을 다 맡긴 채

북한산(産) 고사리라 삐주룩 내민 글자
말 못할 구수함이 명치를 울컥 치고
한나절 불리는 시간 주저앉은 먼 기억

고향이 삭주 강변 시아버지 제사상에
체면치레 삼색 나물 구색 맞춤 아니라고
예순넷 늙은 며느리 씁쓸하게 웃는 밤

식칼

생명을 거두어서
밥상을 차리는 일

네 몸에 묻는 피는 살가운 징표려니

모질게
토막 낸 하늘
사무치는 얼굴 있다

실하던 제 육신을
벼리고 또 벼려내어

숱한 목숨 거둬내고 모지라져 활처럼 휜

말기 암
병동에 누운
당고모님 등허리

삶은 늘 저쪽에 있다

짓무른 시간들이 멋대로 지분대는 번잡한 골목에도 꾸려야 할 삶은 있다 계면조(界面調) 속살이 우는 가리봉동 쪽방촌

낮술로 달래놓은 어깃장 시름 한 놈 어물전 뒷골목을 서성이는 초저녁 중국어 전화방 간판이 싸락눈을 이고 있다

선종(善終)

산그늘 지는 다복솔밭 단비 한 줄기 지나갔다

한소끔 들끓던 바다 잠투정도 달래놓고

너희와

우리를 위하여

까치발을 디딘 채

후광(後廣)

속 넓은
골짜기였다
온갖 목숨들
다 자랐다

솟구치던 눈물이었고
들끓던 기쁨이었다

지뢰밭
맨 앞에 서서
성큼성큼 걸어간 그는

모든 것은 지나간다

나투신 부엉이바위 아가위 흰 꽃 곁에

한 끝이 시작을 물고
뒤척이던 신새벽

오래돼 영글던 생각 지천으로 번졌다

아수라장 돌비알에 가볍게 내려앉아

하늘을 가리던 손
웃음으로 젖혀놓고

덧칠로 얼룩진 좌판도 바보답게 내쳤다

사랑할 만한 사람을 남몰래 사랑했네

아주 작은 박석 하나

숨골 속에 박아둔 채

바람결
섶다리 흔들던
깐깐오월 새벽녘*

---

* 2009년 5월 23일.

아가미젓

칠흑 바다 천 길 밑을 단숨에 솟구치던

시퍼런 가슴팍을 소금에 절인 채로

가난한 두레 밥상 위 밥도둑이 되다니

형수

칠십 년을 지고 와 헐렁해진 지게 끈을

툇마루 댓돌 위에 허물처럼 벗어두고

다 닳아 해쓱해진 별에 가만 불을 댕긴다

미지근한 어둑새벽 콩댐이 다 해진 방

바지랑대 버팅겨둔 시간을 매만지는

불 켜진 장지문 새로 시름 같은 당신 얼굴

망우리(忘憂里)

지고 온 근심들을 널 아래 내려놓고
뭉개져 흐릿해진 성명서를 읽고 있다

서둘러 행장을 챙긴
눅은 몸을 뒤채며

살아서 올리지 못한 옹색한 깃발들이
저마다 문을 열고 바람을 쐬는 사이

내력은
봄볕을 이고
눈을 지긋 감는다

강이 나를 불러놓고

—슬픈 강, 2014

쇠잔해진 저 강물 햇살을 품고 와서
그늘진 내 뒤란에 환하게 붓고 가네
시름도 제 깜냥에는
오뉴월 곁불이라며

버르집고 나댄다고 외려 날 달래더니
맨발로 건너가는 윤구월 어슬 무렵
모질게 파헤쳐내도
속살을 다 내주고

묵은해 삭정이로 가뭇없이 걸려 있는
못 닫고 펼쳐놓은 어지러운 모니터엔
불거져
덧난 폴더가
새벽을 앓고 있다

몸이 나를 불러놓고

—혓바늘

텁텁한 샛바람이 구시렁대는 등쌀에 웃자란 잔소리도 제풀에 겹습니다 못 미친 말씀 한 가지 고마운 줄 모르고

들이 씹고 내 씹던 말씀의 성찬들이 약은커녕 되돌아와 오금을 긁는 새벽 서지도 앉지도 못하는 소태 씹은 꼴이겠지요

연하디 연한 혀가 질긴 연(緣)도 끊는다는 향기로운 말씀을 업신여긴 죗값으로 혀 속에 쇠바늘 하나 깊이 꽂아두었소

월동

알량한 공짜 표로 시베리아를 건너온
어룽진 펭귄 무리 볕을 찾는 탑골 골목

급식소 긴 줄 사이로
짧은 해는 설핏 눕고

반도 채 못 건너온 긴 겨울 짧은 볕이
헛헛한 시름 한 줌 주머니에 찔러주며

자꾸만 등 뒤에 와서
빈 술잔을 내민다

제4부

옹알이 별사(別辭)

못된 손에 채였는지
허방을 짚었는지
젖 불은 들고양이 모진 숨을 거두네

젖먹이
걸음에 맺힐
태산 걱정 버려둔 채

고물고물 순한 눈들 어미 젖을 무는 사이
착한 봄 어스름은 새끼들을 감싸 안고

바람도
와락 달려와
옹알이를 삼켰다

애벌의 꿈

뭉개지고 짓이겨진 아버지 자화상은
민낯의 흐린 초점 아직도 미완성이다

된시름
켜켜이 걸친
동두천 골목 같다

밭은 기침 끝에 터져버린 봇도랑인가
자투리땅 끌어안고 모질게 건너간 생

그 허물
애년(艾年)을 건너와
내 어깨에 얹혀 있다

보산역

꿈속에서도 제 나라 말 더듬는 아이*들은
해종일 군용 트럭 먼지를 따라가며
초콜릿 그 허망한 맛 빨고 또 빨았다

웅크린 역사 앞을 헤살대던 누이들은
싸구려 소문을 따라 떠난 지 오래고
목이 쉰 늙은 군가만 철길 위에 졸고 있다

환갑 진갑 다 지나 널브러진 전선으로
탱크 실은 무개화차 끝없이 올라간 뒤
단풍객 불콰한 취기로 후끈해진 대합실

---

* 김명인의 시 「동두천: 내가 만난 흑인 혼혈아 중여에게」에서 따옴.

가자미식해

숭숭 썬 무수에는
오마이 푸념 한 줌

푸실한 좁쌀밥엔
아바이 잔소리 양념

무눅은
가자미 속살엔
아픈 바람 한 가닥

고춧가루 뿌려서
마른 눈물을 버무리면

하릴없는 음식 타령에
육십 년 고된 하루

죽어도

살아서 가야 할

야윈 생각 한 접시

묻지도 따지지도 않는

—保險略傳

빵덕어멈 솜씨를 어디서 배웠는지

긴 하루 버텨내는 어스름 골방에는 천사의 손길 같은 달콤한 말 넘쳐난다 나이가 많아도 아픈 데가 있어도 묻지도 따지지도 않는 천수보살 손길이라 골절에서 치매까지 암에서 틀니까지 명품가(家) 실버보험 얇은 귀를 두드린다 병들고 허한 마음 어르고 구워삶아 기막힌 전화번호로 토를 달아둔지라 처음에는 설마 하고 다음엔 인이 박여 알량한 자식 걱정에 다이얼을 눌렀네 쌈빡한 요량으로 잘 올린 기와집이 깨알 글씨 특약에 기둥뿌리 흔들린 채

약관에 뒤통수 맞고 헤벌쭉이 누웠다

일요일의 남자

—宋海 先生

휴일의 나른함이 묵직하게 밀려올 때

세상의 그늘마저 단숨에 깨뜨리는 경쾌한 실로폰 소리 눈길을 뚫고 왔네 어김없이 무대에 선 망 구십 오척 단신 태초의 말씀부터 여염집 누추까지 일순에 되채내는 노래자랑 오픈 멘트 무녀리 죽살이치듯 반상(盤上)은 복닥거리고 애틋한 고샅길도 엎어져 바동대는 갑오년 동지 추위 혹한을 넘어가도 세월이 뒤집힌 팽목항 이야기가 입에 다시 담기조차 버거워 절절매도 저 오빠 일요일의 남자 저승길도 환하겠네

정감록(鄭鑑錄) 밭은기침마저 지그시 눌러놓고

외경(外經)

—도마복음 전서(渡魔福音 全書)

1. 전서(前書)

황룡사 9층 목탑에 원을 빌어 새겼더라

주변의 모든 나라가 신라를 받들지니 적들의 이름은 이러하였다 제1층은 일본(日本), 2층은 중화(中華), 3층은 오월(吳越), 제4층은 탁라(托羅), 5층은 응유(鷹遊), 6층은 말갈(靺鞨), 7층은 거란(契丹), 8층은 여진(女眞), 9층은 예맥(穢貊)이니 눈을 씻고 찾아도 백제(百濟)와 고구려(高句麗)는 없었다 이 땅에 귀하디귀한 단군의 향을 피웠으니

선덕왕 고운 두 뺨에 복사꽃 한창이었다

2. 후서(後書)

연평도 한 점 혈육에 부스럼 피었더라

너희들 내닫는 짓은 이리 떼 가운데로 어린 양을 보내는 일, 불바다 무엇이며 백배 응징 허수로다 밀레니엄 신세기에 웃지 못할 선잠이려니

고라니 착한 눈으로 마주 보시게 가만히

철야 일지

입동이 내일모레
야근도 이젠 힘에 부쳐요, 엄마

막차를 손봐놓고 컵라면을 먹는 새벽 첫 월급 타 사드린 빨간 내복이 엊그제 같은데 내후년이 정년이래요 기름때 절은 작업복을 빨며 똑똑한 막내아들 못 가르친 죄라며 끝내 우시던 모습 눈에 선해요 야근조 친구들 우리 집 들락거리며 엄마가 해주신 밥 무던히도 먹었는데 철도 공무원도 옛말이고 공사 된 후 노사가 엉켜 사람 얼굴 제대로 보기도 힘들어졌어요 혼자 쉰 올 추석은 개 보름 쇠듯 지나갔네요 휴가 나온 잘난 손주는 용돈 받아 줄행랑치고 엄마하고 노상 다투던 일흔셋 늙은 형수만 산동네 시절 안주 삼아 산소에서 펑펑 울었죠 요즘 같은 겨울 길목이 야근자에겐 젬병이에요 니글대는 컵라면이야 습관처럼 먹는다지만 해마다 김장해 주던 형수마저 떠나고 나면 이제 엄마 손맛도 끊기겠지요 속이 비면 더 춥다고 문지방이 닳게 차려주시던 초겨울 아침 밥상

화롯불 알뚝배기엔
청국장이 졸았지요

여기, 사람이 있다

황조롱이 한 쌍이
알을 품는 송전탑에

땅에서 내버려진 날개 없는 사람들이
현수막 둥지를 틀고 하늘을 차지했다

삼십오 년 전 굴뚝에 올라
쇠공을 쏜 난장이 대신

국민소득 수만 달러 어안이 벙벙하고 최저임금 오천 원엔 머리에 쥐가 나고 일조 달러 수출고에도 통상임금 거덜났다 세계 십위 무역 규모에 불법 파견 재하청이라 재벌 입김에 설왕설래 선거 공약은 휘청휘청 이 등쌀에 허리 휘어 키 작은 아들딸들이 아직도 법을 믿고 허공에 매달려 있다

하늘이 너무 비좁다
우러러 보기에는

낮술

송경동 시인의 목발이 내 시를 밀어낸다

아직도 변함없이 학림다방 귀퉁이에 으르렁 목청 높인 백기완 선생 쉰 목소리가 내 시를 밀어낸다 삼성전자 당기순이익 가파른 수십 조가 노동법을 조롱하고 질척한 장마 뒤끝 부스럼이 피어도 햇살 한 줌 못 되는 나의 무기력이 내 시를 밀어낸다 백수 선생 백일장에 서정의 진경들이 만덕전 서까래마냥 가지런히 앉은 모습도 예술원 회원이신 사천 선생 재담이 만해마을 골짜기에 흩날리는 장관도 더딘 내 시를 자꾸만 뒤흔든다

뾰로롱 자지러지네
낮술은 힘이 세다

장엄(莊嚴)*

솜털이 까칠한
미륵사 사미승이

병 안의 새를 꺼내지 못해 칠흑 새벽 뒹굴다가 봄볕에 끓어 넘친 제 기운을 못 이기고 달궈진 마음 솔기 한 뼘가웃 잘라다가 아무도 모르라고 사리함에 숨겼다네 제 손과 제 마음을 가누지도 못한 채 진저리를 치다가 고만 넋을 놓고 산신각 추녀 아래 까무룩 쓰러졌네

천년을 졸다 깨어난
저 환한 금빛 화두

* 백제 미륵사지 사리 장엄.

자리

아이가 기르는 잡종 푸들 바람이는 자기가 앉을 자리 틀리는 법이 없다 언제나 최선의 발밑 턱을 괴고 지킨다

주인 없는 싸한 시간 푸대접도 이겨내며 기꺼이 내 발치도 마다하지 않을 때는 모멸의 그림자마저 눌러둘 줄 안다

강아지도 제 자리 온 힘으로 지키는데 무성한 뒷소문에 종아리나 맞는 나는 버티고 참아낼 자리 아직도 찾고 있다

개구리는 개구리밥을 먹지 않는다

—0416

울다 지친 광화문에 장군은 목이 메고
대왕도 숨이 막혀 눈을 뜨지 않으셨다
빈말만 인왕산에 걸려
또다시 돌아오고

얼기설기 눌어붙어 거칠어진 말본새는
긴 여름 뙤약볕과 매서운 겨울 건너
먹지도 버리지도 못할
개구리밥 되었다

입가에 묻어나는 거짓을 핥아가며
보태고 들쑤셔서 뒤엎은 마음 못에
새봄도 아랑곳없이
개구리는 동면 중

갑오실록

—윤구월 초이레 인터넷本

아고라를 에돌아 온
비루한 어가 행렬이

웹툰을 비웃으며
검색어를 뒤지고 있다

효수할
일곱 시간*을
공덕비처럼 모시고

---

* 2014년 4월 16일 오후.

구체성과 애잔함의 결속으로 가닿은 시적 리얼리즘

유성호 문학평론가

1.

정용국의 세 번째 시집 『난 네가 참 좋다』는 등단 15년째를 맞아 펴내는 시인의 야심작이자 우리 시조 시단에서 결코 만나기 어려운 돌올한 개성의 결실이다. 이번 시집에서 정용국은 "3장 6구,/따듯하고 작은 붓 하나로"(「시인의 말」) 세상의 여러 시공간을 관찰하고 탐사하는 고된 역정을 담아내면서도 가장 따듯하고 심미적인 형상화 능력을 아울러 보여준다. 일찍이 그를 두고 "이미지스트이기보다 리얼리스트에 가깝다"(박기섭)라는 시사적 진단이 있었지만, 이번 시집에서 그는 이 땅 외따로운 곳에서 펼쳐지는 아프고도 가파른 삶을 더욱 정밀하게 응시하고 묘사하면서 그러한 궤적에 힘겹게 동행하는 모습을 일관되게 보여준다. 우리 시조 시단에서 거의 찾아볼 수 없는 시적 리얼리즘의 본원적 충동이요 가장 구체적인 동시대 세상살이의 축도(縮圖)가 아닐 수 없다.

아닌 게 아니라, 그동안 정용국은 꾸준하게 "전방위적인 소재의 선택과 편편마다 넘치는 열정 그리고 비판적 세상 읽기에 의한 개혁 의지"(민병도)를 보여준 바 있다. 이번 시집은 이러한 면모를 더욱 첨예화하고 세련화한 결과라 할 것인데, 그는 대상의 구체성과 내면의 애잔함을 결속함으로써 읽는 이들로 하여금 때로는 슬픔으로, 때로는 분노로, 때로는 여지없이 밀려오는 서정성으로 물들게끔 하는 파생적 작용을 집중적으로 수행한다. 이제 정용국으로 하여 우리 시조 시단은 '시조'라는 양식과 역사 사회적 인식이 어떻게 결합되고 구현될 수 있는지에 대한 실물적 근거를 경험하게 될 것이다. 그만큼 정용국 시조 미학의 개성은 우리에게 던지는 시사점으로 충일하다 할 것이다.

2.

먼저 정용국 시조는 사람살이의 구체성에 깊이 착목한다는 점에서 매우 개성적인 면모를 보여준다. 이러한 속성은 그간 우리 시조에서 주류화되어온 권역과는 매우 다른 것이고, 그만큼 시조 소재의 외연 확장을 그가 수행하고 있다고 우리는 말할 수 있다. 말하자면 그는 일상의 구체성과 사회적 현실도 시조가 다룰 수 있다는 신념을 구체화한 것이다. 오늘의 삶에 깊이 뿌리박고 있어 더욱 큰 울림을 주는 그의 시조는 이처럼 현실 밀착 의지를 구체적으로 입증하는 동시에, 서정성과 현실성의 복합적 균형을 높은 수준에서 보여준다. 그러한 능력이 사람살이의 구체적 결에 대한 애정과 관심에서 유로한 것임은 말할 것도 없다. 특별히 이번 시집에서 이러한 애정과 관심은 삶의 본원적 투시로 나아가면서 시적 대상에 대한 격정적 탐색을 수행하게 된다. 물론 그 대상

들은 한결같이 힘겨운 삶을 지속해가는 주변성 또는 외곽성의 초상을 지니고 있다. 그 안에서 시인은 애잔함의 감각을 전경(前景)으로 투사하고, 나아가 그것을 새로운 도약의 형식으로 이끌어 올리려는 의지를 후경(後景)으로 두르고 있다.

중환자실 창밖으로 눈썹달이 떴다며
천만근 눈꺼풀을 겹게 뜨던 누이야

알 빠진 주판을 들고
오십 년을 버텨낸

추스르다 다시 놓고 용을 쓰던 그해 여름
세상의 가늠으론 닿지 못할 갈피였나

정수리 한복판 아래
까마득히 박혀버린

_「명왕성」 전문

'명왕성'에 대한 관심과 애착은 일찍이 지난 시집『명왕성은 있다』(동방기획, 2007)에서 구체화한 바 있다. '명왕성'은 태양계에서 가장 먼 행성으로서 그리스 로마 신화에 나오는 저승신의 이름을 딴 것이다. 이 시편은 시인의 정신적 기원이나 지향을 살필 수 있는 선명한 표지(標識)가 되는데, 그것은 '명왕성'이 태양계의 중심 행성이 아니라 최근 태양계 행성 지위를 박탈당할 정도로 주변적 존재자이기 때문이다. 시인은 그 '명왕성'을 오랜 세월 "알 빠진 주판"으로 버텨오다 급기야는 중환자실 창밖으로 '눈썹달'을 바라보는 '누이'로 등가화한다. 그리고 '명왕성'을 "세상의 가늠으론 닿지 못할 갈피"의 상관물로 상정하면서, "정수리 한복판 아래/까마득히 박혀버린" 시간의 흔적으로 형상화한다. 이때 '명왕성'은 우리 시대의 주변성 또는 외곽성의 핵심적이고 상징적인 초상이 된다. 그렇게 '명왕성'은 정용국 시편의 오랜 심상으로서, 이번 시집에서도 맨 앞에 그 모습을 드러냄으로써 시집의 예표적(豫表的) 길잡이 역할을 한다. 다음에는 그 '명왕성'의 여러 변주들이 차곡차곡 들어서게 된다.

햇살은 들다 말고
바람도 스쳐 가는

중곡동 헐한 월세 반지하 창밖에는

귀 열린 상추 댓 포기
옹알이가 한창이다

잔웃음 자지러진
외손자 걸음마에

장맛비로 반 토막 나 울상이 된 품삯도

해거름 탁배기 잔에
다소곳이 졸고 있다

_「반지하 창밖에는」 전문

병원의 중환자실 창밖은, 어느새 세상으로 나와 '반지하 창밖'으로 몸을 바꾼다. 그곳 역시 "햇살은 들다 말고/바람도 스쳐 가는" 곳이기는 매한가지다. 하지만 시인의 시선은 "헐한 월세 반지하 창밖"에 피어나는 "귀 열린 상추 몇 포기"를 응시한다. 옹알이가 한창인 그 생명들이 "반지하 창밖"을 밝게 수런거리게 하지 않는가. 그때 고단한 삶이 반쯤 가라앉은 '반지하'는 "잔웃음 자지러진/외손자 걸음마"로 차랑차랑 밝아진다. 그래서 시인은 비록 반지하 세입자가 장맛비 때문에 품삯이 반토막 나 울상이지만 "해거름 탁배기 잔"으로 그것을 견뎌가고 있음을 발견하고 그 삶을 지극한 애잔함으로 옹호한다.

여기서 상추들의 '옹알이'와 외손자의 '걸음마'는 모두 막 삶을 시작하는 생명체들의 미래적 표상이 아닐 수 없다. 고되고 애틋한 삶을 새로운 도약의 형식으로 이끌어 올리려는 의지가 꿈틀거리지 않는가. 비록 그곳이 "개인용달 한 차에 실려 온 좁은 삶이/아차산 미륵불 아래 한시름을 풀고"(「중곡동」) 있고 "맨땅에/내동댕이쳐진/설익은 사리 몇 과(顆)"(「우박」)의 삶이 영위되는 곳일지라도, 정용국은 그곳에서 희망과 생명의 싹을 바라보는 것이다. 정용국의 리얼리즘이 비애를 한껏 품으면서도 생명이라는 더 큰 가치로 그것을 감싸고 있음을 알려주는 실례일 것이다. 다음 시편이 노래하는 삶도 '명왕성'처럼, '반지하 셋방'처럼 주변적이고 잊혀가지만 생명으로 옹알이하고 있는 것이 아닌가.

짓무른 시간들이 멋대로 지분대는 번잡한 골목에도 꾸려야 할 삶은 있다
계면조(界面調) 속살이 우는 가리봉동 쪽방촌

낮술로 달래놓은 어깃장 시름 한 놈 어물전 뒷골목을 서성이는 초저녁 중

국어 전화방 간판이 싸락눈을 이고 있다

_「삶은 늘 저쪽에 있다」 전문

정용국 시학의 공간적 도상(圖像)은 이렇게 외곽으로 번져가면서 결국에는 '저쪽'으로 수렴된다. '저쪽'에는 "짓무른 시간들"과 "번잡한 골목"이 있고, 분명하게 꾸려가야 할 '삶'이 놓여 있다. 슬픈 느낌을 자아내는 "계면조"가 울려오는 "가리봉동 쪽방촌"은, '중곡동 반지하'와 마찬가지로 사람살이의 융기와 침전이 일어나는 동시에 낮술로 달랜 시름이 초저녁까지 서성이는 곳이다. "중국어 전화방 간판"과 때마침 내리는 싸락눈이 고단한 시공간을 완성한다.

이처럼 정용국 시학의 시공간은 춥고 고달프고 소멸해가는 동시대의 상황을 품는다. 하지만 그 안에서 시인은 은은하게 번져가는 생의 기미들을 찾아내고 그것을 주류화하는 것을 잊지 않는다. 생의 변두리를 환기하는 공간으로부터 새삼 피어나는 생의 역설적 활력이 그것인데, 이렇게 정용국 시조에는 그 특유의 현실 탐색 의지가 추상적 절조(節操)로 귀착되지 않고 우리 현실에 대한 구체적 반응으로 나타나는 내밀한 가열함이 녹아 있다. 이 점 우리 시조 문학사의 중요한 결실이 아닐 수 없고, 정용국 리얼리즘만의 배타적인 비밀이요 미덕이라 할 것이다.

3.

이러한 주변 또는 외곽에 대한 응시와 관찰은 시인 자신의 가장 살가운 존재자들로 하나하나 그 범주를 넓혀간다. 말할 것도 없이, 이는 정용국 시의 존재론적 기원(origin)이요 원형적 기억의 산실이 아닐 수 없다. 정용국은 이를 통해 서정시가 남다른 원형적 기억을 재현하고 그 기억을 항구화하려는 양식임을 입증해간다. 이처럼 한 영혼의 각고의 기억을 기록해온 양식으로서 정용국 시편은, 우리의 삶이 합리적 이성에 의해 일사불란하게 진행되는 것이 아니라 이성이 그어놓은 관념의 표지(標識)들을 때로 위반하고 때로 감싸 안으며 새로운 상상적 질서를 재구축하는 과정임을 승인하려는 욕망으로 가득 차 있다. 물론 정용국 시편들에 대한 이러한 진단을 급진적 부정과 해체 정신으로 오도할 필요는 없다. 오히려 그것은 잃어버린 서정시의 위의(威儀)를 회복해보려는 열망과 깊이 닿아 있는 어떤 것일 뿐이다. 특별히 정용국은 이처럼 우리가 상실한 가장 종요로운 삶의 지표들을 호명하고 복원함으로써 한 시대의 불모성에 대한 강력한 항체 역할을 자임하는 것이다.

어머니 감칠맛이 이끼처럼 남아 있는
형수표 설 떡국도 고뿔이 심해졌다

일흔셋
가파른 나이를 고명처럼 이고서

동태전 나박김치 들러리로 앉혀놓고
깐깐한 세월 맛에 시치미를 떼려는데

민망한
내 어깨에도 오십견이 오셨다

_「늙은 떡국」 전문

형수(兄嫂)가 장만해주던 떡국에는 늘 "어머니 감칠맛이 이끼처럼 남아" 있었다. 그것이 바로 "형수표 설 떡국"이 아니겠는가. 그런데 그 떡국이 일흔셋이라는 가파른 나이를 고명처럼 이고 있어서인지 고뿔이 심해졌다. 시인은 짐짓 '세월 맛'에 시치미를 떼려고 하지만, 아뿔싸 자신의 어깨에도 찾아온 '오십견'에서 '세월 맛'의 평등함을 겸허하게 깨닫는다. 세상은 "언제나/그렇게 잠깐/한눈을 파는 사이"(「잠깐」)에 저만큼 앞서가고 모든 것은 변해갔던 것이다. 시인은 그 가파르고도 혹독한 변화를 "늙은 떡국"이라는 탁월한 심상 안에 저며 넣는데, 시편의 주인공인 '형수'는 다음 시편에서도 그 구체적 모습을 드러낸다.

칠십 년을 지고 와 헐렁해진 지게 끈을

툇마루 댓돌 위에 허물처럼 벗어두고

다 닳아 해쓱해진 별에 가만 불을 댕긴다

미지근한 어둑새벽 콩댐이 다 해진 방

바지랑대 버팅겨둔 시간을 매만지는

불 켜진 장지문 새로 시름 같은 당신 얼굴

_「형수」 전문

'늙은 떡국'의 주인공인 '형수'는 "칠십 년을 지고 와 헐렁해진 지게 끈을//툇마루 댓돌 위에 허물처럼 벗어"놓는다. 그 "지게 끈"이야말로 한

가정을 충실하게 지고 나른 그녀의 세월이 고스란히 담긴 객관적 상관물 같은 것일 터, 그렇게 그녀는 "다 닳아 해쓱해진 별"에 가만 불을 당겨보면서 오랜 시간 "불 켜진 장지문 새로 시름 같은" 얼굴을 내보인다. 그 시름 같은 얼굴의 주인공이 바로 이 시편의 화자와 오랜 세월을 함께 나누어온 것이다. "눈물을/관(冠)처럼 쓰고/침향(沈香) 내를 풍기며"(「눈물(Lachrymae)」) 살아온 '형수'가 이색적으로 가족의 대명사처럼 정용국 시편에 등장한 것이다.

이러한 대상 선택과 그에 대한 애잔한 기억들은 정용국 시편에 나타나는 타자의 형상이 관념적인 것이 아니라 경험적인 것이고, 더구나 가장 지근(至近)에서 삶을 공유해온 존재라는 점을 알려준다. '형수'라는 살가운 존재자의 세월을 '늙은 떡국'과 '헐렁해진 지게 끈'으로 담아낸 시동생으로서의 화자가 더욱 정겹게 느껴지지 않는가. 이는 정용국 리얼리즘의 근경(近景)이 따스하고 육친애적인 사랑을 안고 있음을 알려주는 사례일 것이다.

4.

사실 우리는 그동안 인류가 공들여 축적해온 중심 가치들이 폭력적으로 폐기되는 시대에 살고 있다. 이러한 분위기에 대응하여 정용국 시편은 예리하고도 따듯한 인식과 실천을 벼리면서 생명을 왜곡하고 억압하는 현실에 대해 비판적 목소리를 발화한다. 정용국의 사유와 감각은 이처럼 우리 주위의 어둑한 실재들을 향하며 현실적 주류를 자처하는 힘들과 분명하게 갈라선다. 그 점에서 그의 시편이 생성되는 발원지와 도달하는 귀착지는 소외와 배제에 의해 현실에서 비껴난 존재들에 대한 관심과 애정의 성정(性情)이 된다. 하지만 그는 우리 역사가 크게 각인해온 거대서사(grand narrative)보다는 그 서사의 행간에 묻혀 있는 일종의 국외자적 서사에 눈을 떠간다. 그 점에서 다음 시편의 전율은 음미할 만하다.

청어도 길을 찾아 알을 푸는 흑산 바다
아우를 기다리던 툇마루엔 볕이 졸고
살아서 나가지 못한 뱃머리가 아리다

검은 속 타들어가 자산이라 했다던가
신유(辛酉)년 유배길도 서로 갈려 아득한데
이 한밤 또 길을 묻는 깜깜절벽 낭떠러지

푯대 하나 없이도 물길을 여는 바다
사람이 내는 길은 흐려져 가뭇하고
파도만 발치에 와서 새벽꿈을 지운다

_「자산(玆山)에서 길을 묻다」 전문

익히 알려져 있듯이 '자산(玆山)'은 정약전이 유배 생활을 하다가 죽은 '흑산도'의 별칭이다. '흑산'과 의미론적으로 동일한 '자산'은, '검을 현(玄)' 자를 두 번 겹쳐 씀으로써 '흑(黑)'의 함의를 더욱 선명하게 새기고 있다. 조선 말기 학자인 정약전은 벼슬에서 물러나 선교 활동에만 힘썼는데, 신유박해 때 이곳에 유배되어 『자산어보(玆山魚譜)』를 썼다. 그는 "흑산 바다"에서 아우인 다산 장약용을 기다리다 죽어갔다. 그 한 세월이 담겼을 툇마루와 뱃머리가 아리게 다가온다. 그러고 보니 '자산'

이란 "검은 속 타들어"간 결과인지도 모르겠다. 그 검게 타들어간 '자산'에서 정용국은 '길'을 묻는다. 비록 깎깎절벽 낭떠러지일지라도 그곳에서 시인은 "푯대 하나 없이도 물길을 여는 바다"를 통해 새로운 길을 묻는다. 그 새롭게 내는 길이야말로 흐릿하고 가뭇한 "사람이 내는 길"과 다를 것이기 때문이다. 여기서도 정용국은 정약전의 유배와 죽음이라는 소외와 배제의 역사를 소환하여 다시 우리의 새로운 길을 만들어가려 한다. 그래서 사람이 내는 길은 '묻고[埋]', 새롭게 여는 물길은 '물으면서[問]' 역사적 상상력의 원심을 최대한 확장해가는 것이다. 비록 "잊힌 전설로도/몸살을 앓고 있는"(「첩첩 무등(無等)」) 곳이지만, 그 유배지는 새로운 역사의 중심으로 다가온다. 이 모든 것이 정용국의 열려 있는 역사 감각을 잘 보여준다.

황조롱이 한 쌍이
알을 품는 송전탑에

땅에서 내버려진 날개 없는 사람들이
현수막 둥지를 틀고 하늘을 차지했다

삼십오 년 전 굴뚝에 올라
쇠공을 쏜 난장이 대신

국민소득 수만 달러 어안이 벙벙하고 최저임금 오천 원엔 머리에 쥐가 나고 일조 달러 수출고에도 통상임금 거덜났다 세계 십위 무역 규모에 불법 파견 재하청이라 재벌 입김에 설왕설래 선거 공약은 휘청휘청 이 등쌀에 허리 휘어 키 작은 아들딸들이 아직도 법을 믿고 허공에 매달려 있다

하늘이 너무 비좁다

우러러 보기에는

_「여기, 사람이 있다」 전문

이 시편은 정용국의 현실 인식을 선연하게 보여준다. '사람'이라는 궁극의 가치를 발견하고 지지하면서, '사람'을 지워가는 폭력적 현실에 저항하는 흐름을 형성하기 때문이다. '송전탑'에는 황조롱이 한 쌍이 알을 품고 있다. 반면 땅에서 내버려진 "날개 없는 사람들"은 분노와 항의를 담은 현수막 둥지를 틀었다. 여기서 시인은 조세희의 명편「난장이가 쏘아올린 작은 공」을 호출하여 그 오래전 상황이 이 땅에서 고스란히 반복되는 것을 안타까워한다. "국민소득 수만 달러", "세계 십위 무역 규모"와 "최저임금 오천 원"의 대비 속에서 아직도 허공에 매달린 사람들이 시편 위로 솟아오른다. 그 '허공'은 우리가 땅에서 우러러보기에는 너무도 비좁다. 이 시편은 송전탑 고공 투쟁의 현장을 시 안쪽으로 불러들여 노래하는데, 아마도 이러한 시선은 폭력적 현실에 "몸을 떠는 슬픈 비(碑)"(「진도실록(珍島實錄)」)나 "외통수/러시안룰렛"(「졸(卒)에게」)의 삶이 되어버린 이들을 향한 가없는 연대 의지요 근원적 타자성에서 유래한 정용국 버전의 민주주의적 휴머니즘을 향하는 것일 터이다. 이처럼 정용국은 수직적으로는 우리 역사의 외마디처럼 보이는 '자산'을 응시하고, 수평적으로는 우리 사회의 가장 고된 투쟁을 멈추지 않는 '송전탑'을 찾아간다. 깊이와 너비, 수직과 수평, 아득함과 선명함을 한순간에 통합하면서 우리가 사유해야 할 길을 새롭게 묻는 것이다.

나아가 이러한 사유와 감각은 정용국으로 하여금 역사와 현실에서 가장 가파르고도 뚜렷한 생애를 남긴 인물들을 기억하는 시편들을 남기게 한다. 시인은 이러한 기억을 통해, 세상이 살 만한 것이라는 사실을 가장 근원적인 터치로 보여준다. 그럼으로써 시간의 가혹한 무게를 견디면서 그 진정성으로 우리에게 우리만의 기억을 부조(浮彫)하게끔 한다. 이는 마치 베르그송(H. Bergson)이 "지속의 내면적 느낌"이라고 부른 시간이 자신의 삶 속에 있음을 증명하고, 스스로에게 더욱 가열하게 살아갈 힘을 제공하는 것과 같다. '소(小)평전'이라 할 수 있는 다음 시편들은 우리 현대사에서 큰 족적을 남긴 이들에 대한 헌사이다.

속 넓은
골짜기였다
온갖 목숨들
다 자랐다

솟구치던 눈물이었고
들끓던 기쁨이었다

지뢰밭
맨 앞에 서서
성큼성큼 걸어간 그는

_「후광(後廣)」 전문

나투신 부엉이바위 아가위 흰 꽃 곁에

한 끝이 시작을 물고
뒤척이던 신새벽

오래돼 영글던 생각 지천으로 번졌다

아수라장 돌비알에 가볍게 내려앉아

하늘을 가리던 손
웃음으로 젖혀놓고

덧칠로 얼룩진 좌판도 바보답게 내쳤다

사랑할 만한 사람을 남몰래 사랑했네

아주 작은 박석 하나
숨골 속에 박아둔 채

바람결
섶다리 흔들던
깐깐오월 새벽녘

_「모든 것은 지나간다」 전문

생애의 뒤가 넓었던 '후광'과 오월 새벽녘 바람결에 실려 간 '바보'는, 모두 우리 현대사의 정치적 거인들이다. 우리 역사의 한 축을 담당한 이들의 삶과 죽음을 시인은 정성을 다해 재구(再構)하고 흠모하고 기억하려 한다. 한 사람은 "속 넓은/골짜기"로 살면서 "온갖 목숨"을 그 안에서 키운 채 "솟구치던 눈물" 또는 "들끓던 기쁨"으로 남았다. 그렇게 역사의 "지뢰밭"을 맨 앞에 서서 성큼성큼 걸어간 그는 이제 분단과 독재

체제를 넘어 후광(後光/後廣)처럼 남은 것이다. 그런가 하면 다른 한 사람은 돌비알에 가볍게 내려앉아 "덧칠로 얼룩진 좌판"을 바보답게 내친 마지막 순간으로 기억된다. 더더욱 애잔하기만 한 그의 생애는 "사랑할 만한 사람을 남몰래 사랑"한 시간을 시인에게 남겨주었다. 비록 "작은 박석"이지만 "벼랑 끝에 우뚝 선"(「삐라」) 존재로 그를 기억하게끔 하는 힘이 이 시편 안에서 농울친다. 이 모든 기억과 각인의 과정이 뚜렷하고도 강렬한 시적 모뉴멘트(monument)로 남아서, 우리로 하여금 우리 역사를 새롭게 바라보게 해주지 않는가. 물론 이러한 풍경과 순간들은 "강정에서 바라보는 찬 하늘 언저리에/낮달도 뒷걸음치며 가던 길을 멈춘"(「강정 필사본」) 시간과 연원을 같이하는 것일 터이다.

5.

그런가 하면 정용국은 이번 시집에서 자신의 '시' 또는 '시 쓰기' 자체를 사유하고 성찰하는 메타적 지향을 보여준다. 그는 자신의 '시 쓰기'가 매우 지속적이며 불가항력적인 작업임을 고백하는데, 그것이 바로 양도할 수 없는 자신의 존재 방식이라고 노래하는 것이다. 물론 그 안에는 자신이 살아온 세월에 대한 깊은 그리움도 가로놓여 있다. 가령 "활판(活版)으로 다듬어서 한 맵시 도드라진/그대의 자서전"(「그대, 맹지(盲地)」)의 형상을 견지한 그의 '시'는, 비록 "늦동지 시린 밤을 고스란히 받아 이고/삭히고 벼리느라 속도 들지"(「봄동」) 못했을지라도 "사위를/단숨에 뒤집고/애간장 다 녹이는"(「날라리에게」) 힘과 예지를 가진 것으로 현상한다. 다음 시편의 '오모가리'도 단연 '시'의 비유체라 할 것이다.

천년의 질긴 흙이 착한 손을 만나서

분청사 마다하고
숱한 목숨 거뒀네

그을음 약으로 받아 반지랍게 길이 난

속내를 숨겨둔 채 세월을 걸쳐 입고

도깨그릇 이웃하며
구석에 비켜 앉아

오롯이
초발심 외는
깊고 깊은 옹기불(甕器佛)

_「깊고 깊은 오모가리」 전문

이 시편의 대상인 '깊고 깊은 오모가리'는, 신비평가 브룩스(C. Brooks)가 비유한 "잘 빚어진 항아리(well wrought urn)"로서의 형상을 가진 채 '시'의 은유적 상관물로 다가온다. 천년이나 기다리던 흙이 "착한 손"을 만나 속내를 숨겨둔 채 세월을 걸쳐 입고 "오롯이/초발심 외는/깊고 깊은 옹기불"이 되어가는 과정은 언어로 빚어내는 정신적 정화로서의 '시'와 고스란히 겹쳐진다. 이는 자연스럽게 "천년을 졸다 깨어난/저 환한 금빛 화두"(「장엄(莊嚴)」)로 승화하게 되는데, 시인은 이처럼 '오모가리'를 통해 '시'의 생성과 소통 그리고 그 과정을 수행하는 첨예한 자의식을 보여준다. 그의 시편이 감성과 이성을 조화로운 균형으로 통합하는 것은 이러한 자의식에서 가능했을 것이다. 그리고 최근 경험을 담은 다음 시편은 이러한 시인으로서의 가파름과 넉넉함을 함께 담고 있어 정용국의 너른 품을 다시 한 번 보여준다.

송경동 시인의 목발이 내 시를 밀어낸다

아직도 변함없이 학림다방 귀퉁이에 으르렁 목청 높인 백기완 선생 쉰 목소리가 내 시를 밀어낸다 삼성전자 당기순이익 가파른 수십 조가 노동법을 조롱하고 질척한 장마 뒤끝 부스럼이 피어도 햇살 한 줌 못 되는 나의 무기력이 내 시를 밀어낸다 백수 선생 백일장에 서정의 진경들이 만덕전 서까래마냥 가지런히 앉은 모습도 예술원 회원이신 사천 선생 재담이 만해마을 골짜기에 흩날리는 장관도 더딘 내 시를 자꾸만 뒤흔든다

뾰로롱 자지러지네
낮술은 힘이 세다

_「낮술」 전문

여기 등장하는 송경동 시인, 백기완 선생, 백수 선생, 사천 선생 등은 여전히 우리 삶의 현장과 시단을 지키고 있는 분들이다. 정용국은 '낮술'이라는 다소 헐거워진 이완의 기표를 원용하여 이분들로 인한 시적 성찰에 들어선다. 취중각(醉中覺)이라 할 수 있는 이 과정은 "송경동 시인의 목발"이라는 투쟁성이 자신의 시를 밀어내는 경험과 "백기완 선생 쉰 목소리"라는 삶의 견결한 지속성이 자신의 시를 밀어내는 경험으로 이어진다. 물론 폭력적 현실 속에서 아무런 대응을 못하는 "나의 무기

력"도 한몫한다. 시인은 그 진한 부끄럼의 힘으로 "서정의 진경"이 흩날리는 장관을 통해 자신의 시가 흔들리는 경험을 한다. 그러니 시인으로서는 "앞길 캄캄해지고 눈앞이 하얘지는 일/검고 흰 것이 어찌 그리 한 몸일까"(「블랙아웃(Blackout)」)라고 말할 수 있었을 것이다. 그렇게 "향기로운 말씀을 업신여긴 죗값으로 혀 속에 쇠바늘 하나 깊이"(「몸이 나를 불러놓고—혓바늘」) 꽂은 정용국 시인은 "태초의 말씀부터 여염집 누추까지 일순에 되채내는"(「일요일의 남자—宋海 先生」) 사람들이 채워주는 환한 기억으로 자신의 '시 쓰기'를 이어가면서 시인으로서의 존재론을 깊이 성찰하는 것이다.

6.

단언컨대 정용국은 폭력적 상황에 일관되게 저항하고 왜곡된 현실에 대해서 싸우는 시인으로서의 이미지를 가지고 있다. 하지만 그는 가장 순도 높은 서정의 원형도 중요하게 자신의 시학 안으로 끌어들이는 시인이다. 이 점 매우 중요한 그의 복합성이요 가능성이다. 이는 그의 시적 역량을 풍자나 고발 같은 외적 현시와 함께 내적으로 충분하게 갈무리되고 다듬어진 미적 형상에서도 찾을 수 있다는 것을 보여주는 실례일 것이다. 특별히 정용국이 우리에게 들려주는 전언은 한결같이 세계 내적 존재로서 인간의 삶이 가지는 소외나 슬픔 같은 것에 초점이 맞추어져 있지만, 그러한 소외와 슬픔을 우울한 비관주의로 노래하지 않고 오히려 궁극적 자기 긍정으로 전화(轉化)할 수 있는 내적 계기들로 풍부하게 만들어놓는다. 예컨대 그것은 사물들에 대한 미적 외경(畏敬)과 생의 보편적 형식에 대한 믿음을 통해 만들어지는 것이다. 그래서 그의 시는 때로 한가로운 오솔길에 피어난 나무 한 그루나 꽃 한 송이에, 때로 심해(深海) 깊숙한 곳에서 자유롭게 유영하는 존재들에 대한 동경에 비유될 만하다. 다음 시편에서 시인은 그러한 '시적인 것'의 정점을 드러내준다.

한 사람 떠나갔다
술도 시도 다 버리고

도다리 살 오르고
나북북 올라오면

묵은해 풀어내자고
몸살을 앓더니만

올봄은 더디다고
멋쩍게 웃던 저녁

눈으로 보내주던
성근 말만 맴도는데

다 식은
양은 냄비 옆
가지런한 수저 한 벌

_「도다리쑥국」 전문

이 완벽한 소품(小品)은 술도 시도 다 버리고 떠나간 "한 사람"을 "다식은/양은 냄비 옆/가지런한 수저 한 벌"로 은유한다. "묵은해"를 풀어내려는 몸살과 "올봄은 더디다고/멋쩍게 웃던 저녁"의 대조 속에서 산뜻하고도 아득하게 한 사람의 시간과 그 흔적을 보여준 것이다. 그야말로 산뜻한 서정소곡이 아닐 수 없다. 더불어 이 시편은 "죽어도/살아서 가야 할/야윈 생각 한 접시"(「가자미식해」)가 그 곁에 놓인 듯한 느낌을 준다. 언젠가 시인은 "삶은 차라리 묵언이었으면"(「시인의 말」, 『명왕성은 있다』) 하는 바람을 말한 적이 있는데, 이러한 시조 작품이 이와 같은 소망을 충족시키고 있는 셈이다.

저물녘 실타래 길은 왜 이리 어정쩡한지
내 빈손은 무색한데 너는 또 주저앉고

어설픈 포스트잇처럼
반만 내게 기대오는

애동지 잔 햇살을
등허리에 동여매고

꽁꽁 언 한겨울을 더듬더듬 건너온
산그늘 미나리꽝은 노루잠을 자나 보다

우수 지나 한 열흘쯤 꿈쩍 않던 얼음장이
바람에 앞섶을 열고 곁눈질을 하는 사이

할미꽃 저도 궁금해

젖몸살을 앓는 봄

_「설핏 2월」 전문

모롱이 개암 열매 제풀에 떨어지고

상강도 주춤주춤 잰걸음을 치는 저녁

부뚜막 개다리소반엔 시래깃국 두 그릇

노부부 살강살강 그릇을 비우는 사이

빈 마을 휘돌아 온 살가운 바람 한 올

홍적세(洪積世) 까만 시간을 되짚고 돌아왔다

_「아득하다」 전문

앞의 시편에서는 이른 봄이 밀려오는 '설핏 2월'의 풍경을 단아하고도 정밀하게 들여놓는다. "산그늘 미나리꽝"은 "애동지 간 햇살을/등허리에" 동여맨 채 한겨울을 건너와 노루잠을 자고, 우수(雨水)를 지나고도 꿈쩍 않던 얼음장은 바람에 앞섶을 열고 곁눈질을 한다. 그 순간 할미꽃도 봄이 궁금하여 "젖몸살을 앓는"다고 하니, 정용국이 그려내는 이른 봄의 풍경과 순간은 무척이나 구체적인 생동감을 갖추고 있는 셈이다. 뒤의 시편에서는 늦가을로 간다. "모롱이 개암 열매"도 떨어지고 상강(霜降)도 지나가는 저녁에 "부뚜막 개다리소반엔 시래깃국 두 그릇"을 두고 노부부가 저녁을 먹는다. 그 순간 "빈 마을 휘돌아 온 살가운 바람 한 올"이 그 오랜 시간을 되살리고 있다. 시인이 경험하고 형상화하는 시간의 깊이와 너비가 융융하기까지 하다. 이처럼 정용국은 사라져가는 시간의 불가피한 소멸과 그것의 흔적에 대한 그리움의 과정을 애틋함으로 보여준다. 서정의 원형이라 할 화해롭고 심미적인 풍경이자 순간이 아닐 수 없을 것이다. 참으로, 설핏, 아득하다.

7.

그동안 우리 현대시조는 시인의 개별화된 내면 경험의 자율성을 옹호하면서 선험적 율격과 전통 시상(詩想)의 완결성을 넘어서려는 열정을 부분적으로 보여왔다. 하지만 여전히 전통 시상의 주류화는 지속되고 있다. 지금까지 우리가 읽어온 정용국 시편은 이러한 주류 현상을 넘어 시조의 현대성 구현에 앞장서고 있는 뚜렷한 범례로 다가온다. 정용국의 시적 생애에서 중간 보고서가 될 이번 시집은, 이처럼 정형의 틀을 유지하면서도 동시대 삶의 의식을 포괄하는 주제의 다양함과 자유로움을 누려야 한다는 현대시조의 모순된 시적 존재론을 온몸으로 실현하고 있다 할 것이다. 더구나 현대시조가 얼마나 현대성에 값하는가가 중요해지는 지금, 정용국 시조는 배제되거나 소외된 현대인의 삶이 거느린 그늘과 피로를 담아냄으로써 동시대의 핍진성과 진실성에 육박하는 종요로운 가치를 지닌다. 그래서 정용국은 이번 시집으로 하여 우리 시조 시단의 거의 독보적인 리얼리스트이자 왜곡된 현실과 맞서는 일종의 '전사(戰士)'로서의 면모가 한층 부각될 것이다.

하지만 그 가파르고도 일관된 저항과 싸움의 이면에 정용국만의 따스한 타자성과 순연한 서정이 저류(底流)이자 외피로 존재한다는 사실은 더없이 강조되어야 한다. 그 내유외강의 시학이 정용국을 우리 주위를 밝히는 시인으로 만들어주고 있기 때문이다. 그러니 타자들을 적극 포괄하려는 속성이 태부족인 우리 시조 시단에서 그의 존재가 왜 소중하지 않겠는가. 어느 시편을 인용해도 좋을 만한 균질성을 확보하는 이번 시집은, 그렇게 타자들의 구체성과 내면의 애잔함을 결속함으로써 정용국 브랜드의 시적 리얼리즘을 오롯이 구현하고 있는 것이다. 그래서 우리는 이번 시집이, 우리 시조 시단의 예외적이면서도 소중한 지향과 과제를 동시에 제기하는 실물적 사례로 각인되기를, 마음 깊이, 소망해보는 것이다.

시인의 말

부모님을 따라 떠난 지 꼭 오십 년 만에
형님과 작은누이 그리고 부모님
잠들어 계신 고향으로 돌아왔다

냉혹한 도시에서 쉰 해를 버티느라
함부로 썼던 혀와 날선 칼을 모두 거두고

3장 6구,
따듯하고 작은 붓 하나로
남은 시간들과 만나고 싶다

요 맹꽁이 먼지별아
그래도 난 네가 참 좋다

2015년 5월
동두천 송내동 안골, 찔레꽃 한철에
정용국 心告